MÉTHODE DE LECTURE

A L'USAGE DES CLASSES

TENUES

PAR LES FILLES DE LA SAGESSE.

LILLE.

L. LEFORT, IMPRIMEUR - LIBRAIRE,

RUE ESQUERMOISE, 55.

1846.

Troisième Tableau.

SONS ET ARTICULATIONS
En lettres romaines, en majuscules et en italiques.

a	A	*a*
â	Â	*â*
e	E	*e*
é	É	*é*
è	È	*è*
ê	Ê	*ê*
o	O	*o*
ô	Ô	*ô*
i	I	*i*
u	U	*u*
eu	EU	*eu*

(4)

ou	OU	*ou*
in	IN	*in*
un	UN	*un*
an	AN	*an*
on	ON	*on*
oi	OI	*oi*
oin	OIN	*oin*
b	B	*b*
p	P	*p*
d	D	*d*
t	T	*t*
v	V	*v*
f	F	*f*
g	G	*g*

— 5 —

c	C	c
z	Z	z
s	S	s
j	J	j
l	L	l
m	M	m
n	N	n
r	R	r
ch	CH	ch
gn	GN	gn
ill	ILL	ill

Quatrième Tableau.

SONS ARTICULÉS.

ab	ap	ad	at	af
ib	ip	id	it	if
ob	op	od	ot	of
ub	up	ud	ut	uf
ac	ag	as	al	ar
ic	ig	is	il	ir
oc	og	os	ol	or
uc	ug	us	ul	ur

ur	èz	int	ir	uz
euz	im	ont	ol	oub
oup	is	af	or	and
êt	onc	iz	âb	ut

âd	il	ôc	ès	ig
oir	op	ât	ôf	ac
up	oul	èc	âs	ôr
ôl	ud	our	âb	ut
inc	os	ul	ouc	ot
out	uc	ôs	êr	oil
ar	oit	ot	az	if
eur	ouf	anb	int	êp
èt	ant	og	uf	ag
oif	âp	ès	ôb	ub
us	euf	âg	anc	ag
ôd	ôp	eul	êf	it
ôg	as	ug	anl	af
ing	oc	âl	ot	ir
ac	èb	af	èg	ob

Cinquième Tableau.

SYLLABES FORMÉES D'UNE ARTICULATION ET D'UN SON.

b.â	b.e	b.i	b.ô	b.u
p.â	p.e	p.i	p.ô	p.u
d.â	d.e	d.i	d.ô	d.u
t.â	t.e	t.i	t.ô	t.u
v.â	v.e	v.i	v.ô	v.u
f.â	f.e	f.i	f.ô	f.u
g.a	g.o	g.ou	g.an	g.oi
c.a	c.o	c.ou	c.an	c.oi
z.a	z.o	z.ou	z.an	z.oi
s.a	s.o	s.ou	s.an	s.oi
j.a	j.o	j.ou	j.an	j.oi

l.a	l.o	l.ou	l.an	l.oi
m.é	m.è	m.ê	m.eu	m.on
n.é	n.è	n.ê	n.eu	n.on
r.é	r.è	r.ê	r.eu	r.on
ch.é	ch.è	ch.ê	ch.eu	ch.on
gn.é	gn.è	gn.ê	gn.eu	gn.on
ill.é	ill.è	ill.ê	ill.eu	ill.on
ill.ou	ill.e	ill.i	ill.o	ill.in
gn.ou	gn.e	gn.i	gn.o	gn.in
ch.ou	ch.e	ch.i	ch.o	ch.in
r.ou	r.e	r.i	r.o	r.in
n.ou	n.e	n.i	n.o	n.in
m.ou	m.e	m.i	m.o	m.in
l.ou	l.ô	l.an	l.â	l.oin

j.ou	j.ô	j.an	j.â	j.oin
s.ou	s.ô	s.an	s.â	s.oin
z.ou	z.ô	z.an	z.â	z.oin
c.ou	c.ô	c.an	c.â	c.oin
g.ou	g.ô	g.an	g.â	g.oin
f.eu	f.ê	f.un	f.é	f.on
v.eu	v.ê	v.un	v.é	v.on
t.eu	t.ê	t.un	t.é	t.on
d.eu	d.ê	d.un	d.é	d.on
p.eu	p.ê	p.un	p.é	p.on
b.eu	b.ê	b.un	b.é	b.on

Sixième Tableau.

EXERCICE DU TABLEAU PRÉCÉDENT.

p.a-p.e, m.a-m.an,
j.o-l.i, r.o-b.e, z.è-l.e,
l.a - m.e, l.un - d.i,
b.i - j.ou, v.i - gn.e,
p.è - r.e, f.ê - t.e,
p.ou-l.e, f.è-v.e, l.i-r.e,
b.i - ch.e, g.a - l.on,
m.o - r.a - l.i - t.é,
f.u - m.i - g.a - t.oi - r.e,
c.a - p.i - t.a - l.e,
m.an - d.o - l.i - n.e,
c.on - f.i - t.u - r.e,

l.a - b.o - r.a - t.oi - r.e,
d.é - b.an - d.a - d.e,
d.é - c.ou - p.u - r.e,
d.i-v.i-n.e, v.é-r.i-t.é,
c.a - l.e - p.in,
m.é - d.a - ill.on,
f.u-t.i-l.e, é-c.o-l.e,
ch.a-r.a-d.e, c.ou-c.ou,
c.a-r.ê-m.e, c.a-b.a-l.e,
f.eu-ill.e-t.on, s.e-r.in,
m.é - m.oi - r.e,
s.a-l.a-d.e, c.a-p.o-t.e,
m.a-gn.a-n.i-m.i-t.é,
c.on - s.ou - d.e,
t.u-l.i-p.e, r.e-l.a-t.i-v.e,

p.a-v.é, â-n.e,
m.é-r.i-t.oi-r.e,
s.a-v.a-t.e.

---

fê-te, pè-re, pou-le,
vi-gne, pin-son,
ma-man, fè-ve, la-me,
li-re, se-rin, jo-li,
bi-jou, ta-lon, ro-be,
chi-ca-ne, pa-pe,
zè-le, bi-che, lu-ne,
cou-cou, mé-ri-toi-re,
man-do-li-ne, sa-la-de,
dé-ban-da-de,
ca-ra-bi-ne,

mo-ra-li-té, ca-pi-ta-le,
dé - cou - pu - re,
con-fi-tu-re, lun-di,
pa-vé, ca-ve, é-pi-ne,
â-ne, mon-ta-gne,
di-vi-ne, con-te,
jou-jou, feu-ille-ton,
ca-rê-me, fu-ti-le,
é-co-le, ca-le-pin,
mé - da - illon,
con-sou-de, vé-ri-té,
mé-moi-re, ca-ba-le,
ga-lon, cha-ra-de,
fu - mi - ga - toi - re,
re-la-ti-ve, ca-pi-tu-le,

ma - gna - ni - mi - té,
ca - po - te,
la - bo - ra - toi - re,
mi-nu-te, ri-va-li-té,
ca-ba-ne, sa-va-te,
bâ-ton, tu-li-pe.

---

maman, vigne, fête,
undi, chicane, biche,
lame, fève, bijou,
joli, samedi, lune,
zèle, père, poule,
lire, pinson, pape,
robe, pavé, cave,
midi, serin, décou-

pure, méritoire, épine, coucou, mandoline, confiture, carabine, âne, capitale, moralité, débandade, conte, joujou, cabane, école, rivalité, galon, vérité, calepin, montagne, dimanche, médaillon, consoude, carême, divine, cabale, futile, mémoire, capote, pan, charade, feuilleton, figure, bouche, magnanimité, relative, capitule, pou, fumigatoire, volubilité, ligne, talon, minute, salade, laboratoire, rouille, ripe, savate, tulipe, madame, bâton.

Septième Tableau.

SYLLABES FORMÉES D'UNE ARTICULATION ET D'UN SON ARTICULÉ.

b.ag	b.ab	b.as	b.ouc	b.or
p.al	p.oil	p.us	p.ic	p.ir
d.ad	d.oc	d.os	d.uc	d.ar
t.al	t.ar	t.is	t.ic	t.ir
v.ul	v.is	v.ar	v.ir	v.ol
f.al	f.or	f.is	f.ur	f.ir
g.ar	g.ol	g.as	g.al	g.ad
c.our	c.ar	c.ap	c.oul	c.ob
z.ug	z.ig	z.or	z.ir	z.ag
s.oir	s.ac	s.oif	s.ul	s.il
j.ar	j.us	j.our	j.as	j.ac
l.oir	l.our	l.ap	l.ac	l.eur

m.ir	m.ar	m.al	m.as	m.eur
n.oir	n.eur	n.if	n.ul	n.euf
r.ap	r.ab	r.up	r.as	r.us
ch.as	ch.if	ch.eur	ch.ac	ch.ar
gn.al	gn.eul	gn.ol	gn.eur	gn.ac
ill.eul	ill.ac	ill.eur	ill.ir	ill.ar

---

j.ob	d.us	l.ir	j.og	m.ag
p.eul	r.ip	m.og	l.oir	p.if
v.og	b.ar	b.il	z.is	b.is
z.ic	r.af	p.our	b.èc	f.our
t.our	c.our	d.ir	v.oir	n.oir
f.ic	b.if	v.al	b.al	gn.ar
d.ur	c.or	l.or	v.ag	g.ap
d.ar	m.il	m.ig	l.op	s.ug

t.or	d.og	t.ol	l.ar	p.or
n.il	p.ar	d.or	t.ur	p.ol
t.if	s.eul	f.il	r.og	v.op
r.ig	j.og	b.us	j.ig	g.or
p.us	r.ag	d.eul	f.ug	j.ap
g.og	b.eur	p.uc	m.ap	r.ad
d.ing	c.ac	r.ag	r.op	z.al
c.al	c.up	f.ar	p.ul	j.os
s.uc	d.ul	b.ol	p.il	d.il
p.ig	m.ur	c.al	c.ol	m.ol

Huitième Tableau.

EXERCICE DU TABLEAU PRÉCÉDENT.

l.a-b.eur, v.ul-g.a-t.e, f.u-t.ur, n.il, p.ou-d.ing d.og-m.e, c.ap, d.oc-t.e, l.ac, g.ol-f.e, m.o-g.ol, s.ac, b.ag-d.ad, b.os-t.on, g.ad, é-r.as-t.e, c.o-gn.ac, ch.ap-t.al, j.a-c.ob, r.oc, t.ar-t.e, t.a-r.if, c.on-s.ul-t.e, v.ir-g.u-l.e, t.our,

j.us-t.e, g.ar-d.on,
m.ar-m.i-t.e, j.ob,
s.i-gn.al, j.ar-d.in,
p.is-t.e, j.as-m.in,
g.as-c.on, r.o-gn.eur,
b.al-c.on, s.ou-p.ir,
m.ou-ch.oir, m.al,
p.ar-d.on, n.ul,
m.as-t.ic.

---

dor-mir, seul,
pé-cheur, vis, dur,
vou-loir, mé-tal,
fis-cal, fal-si-fi-é,

ti-reur, fu-tur, lis-te,
for-tu-ne, as-pic,
gal-be, zig-zag,
tour-neur, ca-nif,
bouc, sor-tir, da-vid,
soc, char-te, a-va-loir,
lour-de, bo-cal,
bal-con, la-bour,
par-don, da-tif,
doc-teur, cour-bu-re,
cu-roir, lis, tour,
as-tè-re, neuf, dé-cor,
col, dar-se, donc,
dic-ton, rup-tu-re,

ta - rif, jour - nal, cas-tor, fac-tu-re, four-mi, sar-cas-me, dis-cou-rir.

---

larme, naval, picpus, sol, porte, dortoir, monacal, futur, sultan, pouf, motif, four, zinc, indostan, sur, parti, lindor, raoul, morne, épagneul, fuste, tiroir, animal, buste, bourse, soif, doctoral, cor dictature, garde, cotignac, lacté, écharpe, étourdir, lavoir, légal, parti, libéral, volcan, jaspe, poil, bâton, raboutir, amiral, cornac, faste, carte, noir, poste, moral, discourir, tarif, sarcasme, tour.

Neuvième Tableau.

ARTICULATIONS DOUBLES ET SYLLABES RENFERMANT DES ARTICULATIONS DOUBLES.

bl   br   cl   cr   fl
fr   gl   gr   pl   pr
dr   tr   vr   st   str
sc   scr   sp   spl   ps

bl.a   bl.e   bl.i   bl.o   bl.u
br.a   br.e   br.i   br.o   br.u
cl.eu cl.in cl.an cl.oi cl.a
cr.eu cr.in cr.an cr.oi cr.a
fl.é   fl.ê   fl.ô   fl.u   fl.ou
fr.é   fr.ê   fr.ô   fr.u   fr.ou
gl.un gl.on gl.oin gl.a   gl.e
gr.un gr.on gr.oin gr.a   gr.e

pl.e	pl.o	pl.i	pl.eu	pl.in
pr.e	pr.o	pr.i	pr.eu	pr.in
dr.an	dr.oi	dr.â	dr.é	dr.ê
tr.an	tr.oi	tr.â	tr.é	tr.ê
vr.ê	vr.â	vr.u	vr.ou	vr.on
st.ê	st.â	st.u	st.ou	st.on
str.a	str.ô	str.i	str.on	str.u
sc.ou	sc.an	sc.a	sc.u	sc.o
scr.u	scr.i	scr.o	scr.an	scr.é
spl.iñ	spl.on	spl.é	spl.u	spl.ô
bl.is	bl.ic	bl.if	bl.oc	bl.ir
br.is	br.ic	br.if	br.oc	br.ir
cl.ic	cl.ac	cl.oc	cl.or	cl.ouc
cr.ic	cr.ac	cr.oc	cr.or	cr.ouc
fl.us	fl.uc	fl.ag	fl.ic	fl.ac
fr.us	fr.uc	fr.ag	fr.ic	fr.ac

gl.ad gl.ob gl.oir gl.ab gl.os
gr.ad gr.ob gr.oir gr.ab gr.os
pl.us pl.uc pl.ur pl.eur pl.ir
pr.us pr.uc pr.ur pr.eur pr.ir
dr.ap dr.op dr.ic dr.ac dr.uf
tr.ap tr.op tr.ic tr.ac tr.uf
vr.ir vr.ar vr.il vr.ip vr.us
st.ir st.ar st.il st.ip st.us
str.al str.os str.uc str.ic str.ol
sc.ot sc.ar sc.ol sc.of sc.our
sp.ir sp.eur sp.oir sp.ol sp.al
ps.al ps.or ps.oul ps.il ps.ar

Dixième Tableau.

EXERCICE DU TABLEAU PRÉCÉDENT.

sp.i - r.a - l.e,
st.é - r.i - l.i - t.é,
sp.a, st.o - r.e,
gl.a-n.eur, gr.ou-p.e,
sp.on-t.a-n.é, st.a-bl.e,
br.in, m.o-n.o-cl.e,
r.é-p.an-dr.e, gl.u,
fr.i-r.e, pl.an-t.e,
pr.é-t.oi - r.e,
as - tr.o - n.o - m.e,
m.ar - br.u - r.e,
cr.i-b.le, n.o-bl.e,

gr.a - v.e, cl.é,
sc.or - s.o - n.è - r.e,
as – tr.a – g.a – l.e,
m.ar-b.re, ar-t.i-cl.e,
n.a - cr.e,
bl.an – ch.â – tr.e,
tr.ou – b.a – d.our,
ou – vr.oir, s.tè – r.e,
br.an – d.on, an – gl.e,
or – dr.e, pl.a – t.a – n.e.

———

trin – gle, cra – va – te,
gloi – re, clou, crâ – ne,
pro – bi – té, ma – cle,

gra-de, plu-me,
pu-blic, bloc,
sco-li-as-te, tor-dre,
é-ta-blir, spas-me,
club, fleur, câ-pre,
flour, struc-tu-re,
fruc-ti-dor, ou-vrir,
bre-dou-ille, o-ra-cle,
fri-me, spar-te,
pru-ne, stra-bis-me,
dé-trac-teur,
psau-me, in-scrip-teur,
mul-ti-flo-re, pli,
scru-pu-le,
scar-la-ti-ne, poi-vre,

in-scri-re, trou-pe, cré - pus - cu - le, pro - mon - toi - re, scri-be, mor-dre.

---

breton, frugal, scorpion, trictrac, stade, crabe, stigmate, scandale, rifloir, flicflac, psalmodié, cloître, contraste, glouton, stipule, écran, scrutin, stature, râcleur, dragon plantule, déplorable, spiritualité, foudre, trapiste, cloche, détruire, flèche, table, négre, livre, crêpe, cruche, lustre, grande, déplorable, double, trafic, poudre, triangle, croûte, prime, branche, pourpre, être, dublin, arbre, coudre, pli.

Onzième Tableau

LETTRES MUETTES A LA FIN DES MOTS.

gan*t*, dan*s*, é-tan*g*, blan*c*, gran*d*, glan*ds*, é-lé-gan*ts*, ran*gs*, fran*cs*.

pu-i*s*, plu-i*e*, ni*d*, fru-i*t*, ri*z*, ou-ti*l*, pu-i*ts*, fu-si*ls*, li*t*, gri*s*, dé-bri*s*.

croi*x*, moi*s*, doi*gt*, froi*d*, croi*t*, foi*e*, voi*es*, poi*ds*, droi*ts*, voi*ent*, soi*e*.

saints, châ te-lains,
vingt, seing, feints,
vins, la-pins.

fond, tronc, long,
front, rond, blonds,
joncs, longs, fronts.

point, coing, poind,
soins, joints, moins,
poings.

bourg, court, lourd,
se-cours, fau-bourg.
courts, lourds,
re-bours.

bord, fort, tors, cors,
corps, re-mords.

flo*t*, sa-bo*t*, dé-pô*t*, ra-bo*ts*, tan-tô*t*.

bu*t*, fû*ts*, fu*s*, re-flu*x*, ta-lu*s*, tal-mu*d*, bu*ts*, con-fu*s*.

pla*t*, cha*t*, ra*t*, mâ*ts*, ta-ba*c*, a-vo-ca*t*, sé-na*t*.

rou*e*, tou*x*, lou*p*, cou*ps*, pou*ls*, goû*t*, proue*s*, égou*ts*, chou*x*, bou*e*.

prê*ts*, mê*ts*, ar-rê*t*, ap-prê*t*, rê*ts*, in-té-rê*t*.

nœu*d*, li-ar*d*, bon*d*, nar*d*, re-bor*d*, gran*d*, gon*d*.

manda*t*, lin-go*t*, sa-lu*t*, *h*a-bi*t*, gra-ba*t*, sa-bo*t*, tri-bu*t*.

ga-lo*p*, lou*p*, dra*p*, tro*p*, cou*p*.

com-pa*s*, pou-le*s*, sou-ri*s*, re-po*s*, an-choi*s*, re-fu*s*.

choi*x*, foi*x*, li-eu*x*, tou*x*, poi*x*, pri*x*.

Douzième Tableau.

LETTRES MUETTES DANS LE MILIEU DES MOTS.

sa*b*-ba*t*, a*b*-bé, a*b*-be-vi*l*-le, ra*b*-bin.

a*g* - glo - mé - ré, a*g* - gra - vé, a*g* - glu - ti - nan*t*, a*g*-gra-van*t*.

*h*om-me, fla*m*-me, po*m*-me, co*m*-mo-de, so*m*-me, gra*m*-me.

dé - ba*r* - ras, a*r* - ri - vé*e*, ba*r* - re,

car-re-four, mar-ron, car-ri-o-le.

a*p* - pro - chan*t*, gri*p*-pe, a*p*-poin-té, a*p*-pé-ti*t*, a*p*-prê-teur, a*p*-pu-i.

li*t*-té-ral, ba-ra*t*-te, mo*t*-te, a*t*-ta-che, fro*t*-té, na*t*-te, da*t*-te.

gri*f*-fon, di*f*-fi-cul-té, di*f*-fé-ré, di*f*-for-me, gou*f*-fre, di*f*-fus.

co-lo*s*-se, cou-li*s*-se, cha*s*-se, pou*s*-sin,

tra - cas - se - rie.
col-li-ne, al-lée,
bal-le, vil-le, dal-le,
tul-le, bul-le.
van-nes, ba-ron-ne,
co - lon - ne,
con-né-ta-ble, bon-ne.
ac - croî - tre,
oc-cu-pé, ac-ca-blé,
ac-cord, ac-croi-re,
ac-croc.

—

ba-gue, gué-ri-don

gui-ta-re, guê-pe,
gui, guê-tre.

pain, le-vain, ain-si, re-frain, saint, cha-pe-lain, crain-dre.

sein, frein, teint, se-rein, pein-tre, reins.

[au *pour* ô] eau, ba-teau, beau-té, plu-meau, car-reau, beau-coup.

Treizième Tableau.

NOUVEAUX SIGNES DES SONS.

a {	à	voi-là, à moi.
	e	fem-me, so-lem-ni-té.
â {	a	tré-pas, ma-re, fri-mas, li-las, glas.
	à	dé-jà, là, ho-là.
é {	e	li-mer, pri-er, mon-trer, chan-de-li-er, bou-cli-er.
	ai	j'i-rai, mai, ba-lai, je chan-tai.
è {	e	dis-cret, bon-net, sif-flet, go-be-let, pa-ra-pet.
	ei	pei-ne, vei-ne, ba-lei-ne, pei-gne.
	ai	par-fait, lai-de, fait, trai-teur, por-trait, re-trai-te.

ê {	e	il e*st*, me*s*, te*s*, se*s*, le*s*.
	è	con-grè*s*, a-prè*s*, trè*s*, dè*s*.
	ai	j'ai-me, pai*x*, par-fai*ts*, por-te-fai*x*, trai*ts*.
i {	î	î-le, dî-me, é-pî-tre, dî-ne*r*, a-bî-me.
	ï	ja-ï-re, na-ïf, si-mo-ïs, *h*é-ro-ï-ne.
	y	y-o*n*-ne, ly-on, syl-la-be, myr-te.
ô {	o	re-po*s*, dis-po*s*, du-o, en-clo*s*, zé-ro.
	au	au-tel, au-mô-ne, bau-me, mau-ve, fau-te, vau-tour.
u {	û	flû-te, mû-re, sûr, bû-che.
	ü	sa-ül, an-ti-no-üs, ar-*ch*é-la-üs.

Quatorzième Tableau.

SUITE DU TABLEAU PRÉCÉDENT.

eu	ue	cue-illet-te, ac-cue-illir, or-gue-illeux, re-cue-illi.
	oe	œ-illet, œ-illa-de, œ-illè-re, œ-ille-ton.
	oeu	sœur, vœu, nœud, œuf, œu-vre.
ou	u	*après l'articulation* c *représentée par* q : é-qu-a-teur, qu-a-dru-pè-de, a-qu-a-ti-le.
in	im	im-pie, im-pôt, faim, im-pri-mer, pim-pant, tim-bre.
	en	chré-ti-en, bi-en-tôt, men-tor, main-ti-en, chi-en, li-en.
	em	sem-per-vi-rens, sem-pi-ter-nel, tem-pé, nu-rem-berg.

in	yn	syn-*t*hè-se, syn-co-pe, syn-dic.
	ym	o-lym-pe, tym-pa-non, sym*p*-tô-me, sym-bo-le, sym-pa-*t*hie.
un	um	*h*um-ble, par-fum.
an	am	am-ba*s*-sa-de, cham-bre, jam-bon, tam-bour, am-pou-le.
	en	en-fan*t*, men-tal; en-chan-teur, men-*t*he, en-cre, ven-tre.
	em	em-bar-ra*s*, trem-ble*r*, em-pi-*r*e, mem-bre, sem-bla-ble.
on	om	com-po-te, plom*b*, prom*p*t, pom-pe, tom-be, om-bre.

ai-i	a-y	*pai-is*, pa-ys, *ab-bai-ie*, ab-ba-ye, *rai-i-on*, ra-y-on, *bé-gai-i-er*, bé-ga-y-er.
ei-i	e-y	*gras-sei-i-er*, gras-se-y-er.
oi-i	o-y	*moi-i-en*, mo-y-en, *roi-i-au-me*, ro-y-au-me, *joi-i-eux*, jo-y-eux, *voi-i-el-le*, vo-y-el-le, *loi-i-al*, lo-y-al.
ui-i	u-y	*tui-i-au*, tu-y-au, *en-nui-i-eux*, en-nu-y-eux, *é-cui-i-er*, é-cu-y-er.

Quinzième Tableau.

NOUVEAUX SIGNES DES ARTICULATIONS.

t	d	pi-ed à ter-re, granD ar-bre.
v {	w	wa-gon, wa-lon, wé-mar.
	f	neuF ans.
f	ph	pha-re, phé-no-mè-ne, pa-ra-phe, stro-phe, phos-pho-re.
c {	k	ki-lo-mè-tre, nan-kin, pé-kin, ko-ran, a-bou-kir.
	q	é-qu-a-teur, ban-que, qua-li-té, a-qu-a-ti-que, qu-a-dru-pè-de
g	c	se-conD, se-con-Dai-re.
z {	s	ro-se, gri-se, frai-se, rai-sin, rai-si-ñe, loi-sir, a-si-le, ca-se.
	x	deu-xi-è-me, di-xai-ne.

s	c	ci-seau, cerf, cent, gla-ce, vac-cin, cein-tu-re, ra-ci-ne.
	ç	fa-ça-de, le-çon, re-çu, ma-çon-ner, per-çoir, ber-çant.
	t	por-ti-on, hel-vé-tie, i-mi-ta-ti-on, pa-ti-en-ce.
	x	soi-xan-te.
j	g	lin-ge-rie, ar-gent, en-gin, an-ge, gé-dé-on.
ill	il	ca-mail, ac-cueil, tra-vail, œil, por-tail, deuil.
	ll	bi-llard, fi-lle, ai-gu-i-llon, gri-lle, qui-lle.
	l	a-vril, mil, gré-sil, per-sil, gril.

cs	x	*lu-cse*, lu-xe, *ve-csa-ti-on*, ve-xa-ti-on, *fi-cse*, fi-xe, *ma-csi-me*, ma-xi-me, *fle-csi-ble*, fle-xi-ble.
gz	x	*e-gza-men*, e-xa-men, *gza-vi-er*, xa-vi-er, *e-gzem-ple*, e-xem-ple, *e-gzau-cer*, e-xau-cer.

Seizième Tableau.

ACCENTS ET PONCTUATION.

h   Signe d'aspiration.
´   Accent aigu.
`   Accent grave.
^   Accent circonflexe.
.   Point.
,   Virgule.
:   Deux-points.
;   Point-virgule.
?   Point interrogatif.
!   Point exclamatif.
'   Apostrophe.
¨   Tréma.
-    Trait d'union.
«« »»   Guillemets.
( )   Parenthèses.

ABRÉVIATIONS.

J.-C.	Jésus-Christ.
N.-S.	Notre-Seigneur.
St.	Saint.
B.	Bienheureux.
V.	Vénérable.
S. S.	Sa Sainteté.
N. S. P.	Notre Saint-Père.
S. M.	Sa Majesté.
S. A. R.	Son Altesse royale.
S. Ex.	Son Excellence.
S. Em.	Son Eminence.
Mgr.	Monseigneur.
R. P.	Révérend père.
N. T. C. F.	Nos très-chers frères.
M.^{r}	Monsieur.
MM.	Messieurs.
Mme	Madame.

M.elle	Mademoiselle.
M.e	Maître.
M.d	Marchand.
Nég.t	Négociant.
Le S.r	Le sieur.
V.e	Veuve.
Ex.	Exemple.
7.bre	Septembre.
8.bre	Octobre.
9.bre	Novembre.
X.bre	Décembre.
1.er	Premier.
2.e	Deuxième.
d.r	Dernier.
N.o	Numéro.
C.-à-d.	C'est-à-dire.

ORDRE ET NOMS DES LETTRES DE L'ALPHABET.

â	bé	cé	dé	é
A	**B**	**C**	**D**	**E**
efe	jé	ache	i	ji
F	**G**	**H**	**I**	**J**
ca	èle	ème	ène	ô
K	**L**	**M**	**N**	**O**
pé	cu	ère	esse	té
P	**Q**	**R**	**S**	**T**
u	vé	icse	igrec	zède
U	**V**	**X**	**Y**	**Z**

Dix-septième Tableau.

LECTURE PAR MOTS DÉTACHÉS.

U-ne dou-ce ré-si-gna-ti-on, u-ne con-fi-an-ce sain-te en la pro-vi-den-ce di-vi-ne, l'a-mour du tra-vail, l'é-co-no-mie, u-ne res-pec-tu-eu-se re-con-nais-san-ce en-vers les per-son-nes ri-ches dont Di-eu se sert pour les sou-la-ger, tel-les doi-vent ê-tre les prin-ci-pa-les ver-tus des pau-vres. Si donc le Sei-gneur veut que vous so-y-ez de ce nom-bre, fai-tes-vous un de-voir de pra-ti-quer ces ver-tus, et fai-tes-le par a-mour pour N.-S J.-C., vous sou-ve-nant qu'il a bi-en vou-lu se fai-re lu-i-mê-me pau-vre par a-mour pour vous. Bi-en-heu-reux sont les pau-vres qui sa-vent rem-plir les de-voirs de la pau-vre-té, ils n'ont au-cu-ne part aux bi-ens de ce mon-de, mais ils pos-sé-de-ront dans le ci-el des tré-sors in-fi-nis; ils sont sou-mis i-ci-bas à un tra-vail plus pé-ni-ble, mais ils en re-ce-vront un jour u-ne ré-com-pen-se plus a-bon-dan-te. Si les hom-mes les mé-pri-sent, Di-eu les ai-me da-van-ta-ge; s'ils souf-frent main-te-nant, ils se-ront con-so-lés plus tard et du-rant les si-è-cles des si-è-cles.

Dix-huitième Tableau.

LECTURE PAR MOTS DÉTACHÉS.

Un en-fant de cinq à six ans é-tait tom-bé ma-la-de; on vou-lut lu-i fai-re pren-dre u-ne mé-de-ci-ne, mais ni les pro-mes-ses ni les me-na-ces ne pu-rent ob-te-nir qu'il sur-mon-tât sa ré-pu-gnan-ce. Sa mè-re, qui con-nais-sait son a-mour ex-tra-or-di-nai-re pour les pau-vres, s'a-vi-sa d'un mo-y-en nou-veau. Je vi-ens de voir, lu-i dit-el-le, un pau-vre nu et tout tran-si de froid; si tu prends la mé-de-ci-ne, je le fe-rai ha-bi-ller à neuf. Ah! ré-pon-dit-il, je vais la pren-dre. Mais quand il en eut

a-va-lé la moi-ti-é, il s'é-cri-a :
ô ma-man, que ce-la est mau-vais!
je ne pu-is al-ler jus-qu'au bout.
Tu veux donc, re-prit la mè-re,
que je n'ha-bi-lle le pau-vre qu'à
de-mi? A ces mots, l'en-fant re-
de-man-de la tas-se et a-va-le
jus-qu'à la der-ni-è-re gout-te.

Pu-is-se ce trait ap-pren-dre
aux en-fants ri-ches à aimer les
pau-vres, et à leur fai-re tout le
bi-en dont ils sont ca-pa-bles!
N.-S. les ré-com-pen-se-ra de leur
cha-ri-té; car il a pro-mis de re-
gar-der com-me fait à lu-i-mê-me
ce qu'on fe-ra pour le plus pe-tit
de ses en-fants.

Dix-neuvième Tableau.

LECTURE AVEC LIAISON DES MOTS.

U-ne dou-ce ré-si-gna-ti-on, u-ne con-fi-an-ce sain-te en la pro-vi-den-ce di-vi-ne, l'a-mour du tra-vail, l'é-co-no-mie, u-ne res-pec-tu-eu-se re-con-nais-san-ce en-vers les per-son-nes ri-ches dont Di-eu se sert pour les sou-la-ger, tel-les doi-vent ê-tre les prin-ci-pa-les ver-tus des pau-vres. Si donc le Sei-gneur veut que vous so-y-ez de ce nombre, fai-tes-vous un de-voir de pra-ti-quer ces ver-tus, et fai-tes-le par a-mour pour N.-S. J.-C., vous sou-ve-nant qu'il a bi-en vou-lu se fai-re lu-i-mê-me pau-vre par a-mour pour vous. Bi-en-heu-reux sont les pauvres qui sa-vent rem-plir les de-voirs de la pau-vre-té, ils n'ont au-cu-ne part aux bi-ens de ce mon-de, mais ils pos-sé-de-ront dans le ci-el des tré-sors in-fi-nis ; ils sont sou-mis i-ci-bas à un tra-vail plus pé-ni-ble, mais ils en recevront un jour u-ne ré-com-pen-se plus a-bon-dan-te ; si les hom-mes les mé-pri-sent, Di-eu les ai-me da-van-tage ; s'ils souf-frent main-te-nant, ils se-ront con-so-lés plus tard et du-rant les si-è-cles des si-è-cles.

Vingtième Tableau.

LECTURE AVEC LIAISON DES MOTS.

Un en-fant de cinq à six ans é-tait tom-bé ma-la-de ; on vou-lut lu-i fai-re pren-dre u-ne mé-de-ci-ne ; mais ni les pro-mes-ses, ni les me-na-ces ne pu-rent ob-te-nir qu'il sur-mon-tât sa ré-pu-gnan-ce. Sa mè-re, qui con-nais-sait son a-mour ex-tra-or-di-nai-re pour les pau-vres, s'a-vi-sa d'un mo-y-en nou-veau. Je vi-ens de voir, lu-i-dit-el-le, un pau-vre nu et tout tran-si de froid, si tu prends la mé-de-ci-ne, je le fe-rai ha-bi-ller à neuf. Ah! ré-pon-dit-il, je vais la pren-dre. Mais quand il en eut

a-va-lé la moi-ti-é, il s'é-cri-a :
ô ma-man, que ce-la est mau-vais!
je ne pu-is al-ler jus-qu'au bout.
Tu veux donc, re-prit la mè-re,
que je n'ha-bi-lle le pau-vre qu'à
de-mi? A ces mots, l'en-fant re-
de-man-de la tas-se et a-va-le
jus-qu'à la der-ni-è-re gout-te.

Pu-is-se ce trait ap-pren-dre
aux en-fants ri-ches à ai-mer les
pau-vres, et à leur fai-re tout le
bi-en dont ils sont ca-pa-bles!
N.-S. les ré-com-pen-se-ra de leur
cha-ri-té; car il a pro-mis de
re-gar-der com-me fait à lu-i-
mê-me ce qu'on fe-ra pour le plus
pe-tit de ses en-fants.

PRIÈRES.

ORAISON DOMINICALE.

Notre Père qui êtes aux Cieux, que votre Nom soit sanctifié; que votre règne arrive; que votre volonté soit faite en la terre comme au ciel; donnez-nous aujourd'hui notre pain quotidien; et pardonnez-nous nos offenses, comme nous pardonnons à ceux qui nous ont offensés; et ne nous laissez pas succomber à la tentation; mais délivrez-nous du mal.

Ainsi soit-il

LA SALUTATION ANGÉLIQUE.

Je vous salue, Marie, pleine de grâce; le Seigneur est avec vous;

vous êtes bénie entre toutes les femmes; et Jésus, le fruit de votre sein, est béni.

Sainte Marie, Mère de Dieu, priez pour nous pécheurs, maintenant et à l'heure de notre mort. Ainsi soit-il.

LE SYMBOLE DES APÔTRES.

Je crois en Dieu le Père tout-puissant, Créateur du ciel et de la terre; et en Jésus-Christ son Fils unique, Notre-Seigneur; qui a été conçu du Saint-Esprit, qui est né de la Vierge Marie; qui a souffert sous Ponce-Pilate; qui a été crucifié, est mort et a été enseveli; qui est descendu aux enfers, et le troisième jour est ressuscité d'entre les morts; qui est monté aux cieux; qui est assis à la droite de Dieu le Père tout-puissant, et qui de là viendra juger les vivants et les morts. Je crois au Saint-Esprit, la sainte Eglise catholique; la communion des Saints; la rémission des péchés, la résurrection de la chair, la vie éternelle.

Ainsi soit-il.

LA CONFESSION DES PÉCHÉS.

Je confesse à Dieu tout-puissant, à la bienheureuse Marie toujours vierge, à saint Michel archange, à saint Jean-Baptiste, aux apôtres saint Pierre et saint Paul, à tous les Saints (et à vous, mon Père), que j'ai beaucoup péché par pensées, par paroles et par actions;

c'est ma faute, c'est ma faute, c'est ma très-grande faute. C'est pourquoi je supplie la bienheureuse Marie toujours Vierge, saint Michel archange, saint Jean-Baptiste, les apôtres saint Pierre et saint Paul, tous les Saints (et vous, mon Père), de prier pour moi le Seigneur notre Dieu.

Que Dieu tout-puissant ait pitié de nous, et qu'après nous avoir pardonné nos péchés, il nous conduise à la vie éternelle.

Ainsi soit-il.

Que le Seigneur tout-puissant et miséricordieux nous accorde le pardon, l'absolution et la rémission de nos péchés.

Ainsi soit-il.

LES COMMANDEMENTS DE DIEU.

Un seul Dieu tu adoreras,
Et aimeras parfaitement.
Dieu en vain tu ne jureras,
Ni autre chose pareillement.
Les dimanches tu garderas,
En servant Dieu dévotement.
Tes père et mère honoreras,
Afin de vivre longuement.
Homicide point ne seras,
Ni de fait ni volontairement.
Luxurieux point ne seras,
Ni de corps ni de consentement.
Les biens d'autrui tu ne prendras
Ni retiendras à ton escient.
Faux témoignage ne diras,
Ni mentiras aucunement.
L'œuvre de la chair ne désireras,
Qu'en mariage seulement.
Biens d'autrui ne convoiteras,
Pour les avoir injustement.

LES COMMANDEMENTS DE L'ÉGLISE.

Les fêtes tu sanctifieras,
Qui te sont de commandement.
Les dimanches messe ouïras,
Et les fêtes pareillement,
Tous tes péchés confesseras,
A tout le moins une fois l'an.
Ton Créateur tu recevras,
Au moins à Pâques humblement.
Quatre-temps, vigiles, jeûneras,
Et le carême entièrement.
Vendredi, chair ne mangeras,
Ni le samedi mêmement.

ACTE DE FOI.

Mon Dieu, je crois fermement tout ce que croit et enseigne l'Église catholique, parce que vous, qui êtes la vérité même, le lui avez révélé.

ACTE D'ESPÉRANCE.

Mon Dieu, j'espère avec une ferme confiance, par les mérites de Jésus-Christ, votre grâce en ce monde et votre gloire en l'autre, parce que vous me l'avez promis et que vous êtes fidèle dans vos promesses.

ACTE DE CHARITÉ.

Mon Dieu, je vous aime de tout mon cœur, de toute mon âme, da toutes mes forces, par-dessus toutes choses, parce que vous êtes infiniment bon et aimable, et j'aime mon prochain comme moi-même pour l'amour de vous.

ACTE DE CONTRITION.

Mon Dieu, j'ai un extrême regret de vous avoir offensé, parce que vous êtes infiniment bon et aimable, et que le péché vous déplaît, je fais un ferme propos, moyennant votre sainte grâce, de ne plus vous offenser et de faire pénitence.

Prière à la sainte Vierge (MEMORARE).

SOUVENEZ-VOUS, ô très-miséricordieuse Vierge Marie, qu'on n'a jamais ouï dire qu'aucun de ceux qui ont eu recours à votre protection, imploré votre secours, et demandé vos suffrages, ait été abandonné. Animé de la même confiance, je me hâte de recourir et de venir à vous, ô Vierge, Mère des Vierges! et, gémissant sous le poids de mes péchés, je me prosterne à vos pieds. Mère du Verbe incarné, ne dédaignez pas mes prières, mais écoutez-les favorablement, et daignez les exaucer.

Antienne à la sainte Vierge.

Nous vous saluons, ô Reine ! Mère de miséricorde. Notre vie, notre douceur et notre espérance, nous vous saluons. Nous élevons nos voix vers vous, comme des exilés et des malheureux enfants d'Eve. Nous portons vers vous nos soupirs et nos gémissements dans cette vallée de larmes. Soyez donc notre Avocate, et jetez sur nous des regards de miséricorde. Et, après l'exil de cette vie, montrez-nous Jésus, ce fruit béni de votre sein, ô Vierge Marie ! remplie de tendresse et de bonté pour les hommes !

Oraison.

Dieu tout-puissant et éternel, qui, par la coopération du Saint-Esprit, avez préparé le corps et l'âme de la glorieuse Vierge Marie, pour en faire une demeure digne de votre Fils, accordez-nous la grâce, pendant que nous en célébrons la mémoire avec joie, d'être délivrés, par son intercession, des maux présents et de la mort éternelle. Par Notre-Seigneur Jésus-Christ. Ainsi soit-il.

Prière quand on se lève.

Je me lève au Nom de Notre-Seigneur Jésus-Christ, qui a été crucifié pour moi : bénissez-moi en ce jour, ô mon Dieu! et conduisez-moi à la vie éternelle.

La bénédiction de la Table.

BÉNISSEZ-NOUS, Seigneur, et ce que vous nous donnez pour la nourriture de nos corps : faites-nous la grâce d'en user sobrement. Au Nom du Père, et du Fils, et du Saint-Esprit. Ainsi soit-il.

Prière quand on se couche.

QUE le Seigneur tout-puissant et tout miséricordieux nous bénisse et nous conserve, en nous accordant une nuit tranquille et une heureuse fin. Ainsi soit-il.

FIN.

Lille, imprimerie de L. Lefort. 1846.

www.ingramcontent.com/pod-product-compliance
Lightning Source LLC
LaVergne TN
LVHW021719080426
835510LV00010B/1050